AF468605

LES ANALOGIES

DE LA

JURISPRUDENCE ADMINISTRATIVE

ET DE LA JURISPRUDENCE CIVILE

PAR

J. CHARMONT

PROFESSEUR A LA FACULTÉ DE DROIT DE L'UNIVERSITÉ DE MONTPELLIER

(Extrait de la *Revue trimestrielle de droit civil,* 1906, nº 4)

LIBRAIRIE

DE LA SOCIÉTÉ DU RECUEIL J.-B. SIREY ET DU JOURNAL DU PALAIS

Ancienne Maison L. Larose et Forcel

22, rue Soufflot, PARIS, 5e *Arrond.*

L. LAROSE & L. TENIN, Directeurs

1907

LES ANALOGIES

DE LA

JURISPRUDENCE ADMINISTRATIVE ET DE LA JURISPRUDENCE CIVILE

Nous voudrions essayer de rapprocher la jurisprudence administrative et la jurisprudence civile. Entre elles, on aperçoit plus aisément des oppositions que des analogies : ce sont des courants, qui ne se mêlent pas. Elles n'ont pas la même origine, les mêmes caractères, le même esprit.

La jurisprudence civile a pour base, pour point d'appui, le Code civil.

Le droit administratif, au contraire, n'est pas codifié et se prête mal à des essais de systématisation. Avec des matériaux disparates, souvent de qualité médiocre, on ne pouvait élever, semble-t-il, que des constructions légères, provisoires, sans unité, sans plan d'ensemble. Ainsi la jurisprudence civile serait comme un monument d'un bel aspect; — la jurisprudence administrative, au contraire donnerait l'impression d'une usine faite de pavillons séparés, hâtivement construits, destinés à être incessamment modifiés, déplacés, démolis.

Il ne faut pas s'étonner que les civilistes aient eu longtemps pour le droit administratif des sentiments peu bienveillants; on le regardait comme le châtelain regarde la fabrique bruyante et malpropre, qui masque et dépare le paysage. Mais le temps a parfois raison de ces dédains ; l'usine se renouvelle et s'agrandit sans cesse ; elle survit au château, qui se lézarde et tombe en ruines.

I

Ceux qui ont assisté aux fêtes du centenaire du Code civil n'oublieront pas le grand effet que produisit dans la séance de la Sorbonne le simple et beau discours de M. Ballot-Beaupré. A grands traits, dans une langue très sobre, il montra quel avait été, pendant un siècle, le rôle considérable de cette Jurisprudence civile comblant les lacunes de la loi, préparant les réformes, adaptant « libéralement, humainement le texte aux réalités, et aux exigences de la vie moderne » (1). Et les tribunaux avaient pu s'acquitter de cette tâche, sans manquer à leur premier devoir, celui de respecter la loi. Lorsque le texte est clair, on l'applique sans hésitation ; quand il est obscur, ambigu, le juge ne doit pas s'attarder à rechercher ce qu'était, il y a cent ans la pensée des rédacteurs du Code, — mais ce que serait cette pensée, si le même article était aujourd'hui rédigé par eux. N'est-ce pas là fausser la nature de la loi ? Non, car l'arbitraire du juge est limité par la nécessité de s'appuyer sur un texte pour motiver sa décision. Et ce texte cependant est assez général pour lui laisser une latitude très suffisante. Des dispositions, comme l'article 1134 qui donne force de loi aux conventions légalement formées, — comme l'article 6 qui défend de déroger par des conventions particulières aux lois qui intéressent l'ordre public et les bonnes mœurs, — comme l'article 1315 imposant la charge de la preuve au créancier qui réclame l'exécution d'une obligation, au débiteur qui se prétend libéré, — comme l'article 2279 qui énonce la règle : « En fait de meubles possession vaut titre », — enfin et surtout comme l'article 1382 qui pose le principe de la responsabilité délictuelle, — de telles dispositions fournissent aux tribunaux des éléments de solutions pour un nombre infini de cas, et permettent de statuer en toute hypothèse, avec une très grande liberté.

Ainsi, dans le silence de la loi, la jurisprudence, à l'aide d'un seul article sur la stipulation pour autrui, a pu construire toute une théorie de l'assurance sur la vie, spécialement de l'assurance en cas de décès au profit d'un tiers : cette théorie long-

(1) *Le centenaire du Code civil*, Paris, 1904, Imp. Nat^le^, p. 27.

temps incertaine, imprécise, s'est coordonnée en un système juridique, que le projet de loi sur le contrat d'assurance présenté à la Chambre des députés le 12 juill. 1904 reproduit presque intégralement.

Le Code ne consacrait au louage de domestiques et ouvriers que deux articles. La jurisprudence a complété la loi ; elle a préparé et devancé les réformes. La Cour de cassation permettait de réprimer l'abus du droit de congé trente ans avant que la loi du 27 déc. 1890 ne vînt compléter l'article 1780. De même, en 1860, la Cour de cassation reconnaissait au juge le pouvoir d'apprécier si les salaires doivent être considérés comme alimentaires et soustraits pour partie, ou même pour le tout, aux effets de la saisie : la loi du 12 janv. 1895 n'a fait que régulariser cette pratique. — Dans la matière des accidents industriels, l'application du droit commun était très dure pour l'ouvrier. Elle l'obligeait à faire la preuve qu'il y avait eu faute du patron et que cette faute était la cause de l'accident. La jurisprudence n'était pas autorisée à substituer un autre principe de responsabilité à celui qu'édictait la loi ; mais elle tempérait sa rigueur en entendant la faute imputable au patron d'une façon singulièrement large. On se rapprochait insensiblement de la théorie du risque professionnel, qui ne pouvait être consacrée que par la loi.

Ce n'est pas seulement dans l'hypothèse où la réglementation légale est insuffisante que l'action du juge est importante : très nombreux sont les cas où cette action s'exerce, sans paraître gênée par des textes précis, en apparence formels. L'art de l'interprète s'applique alors soit à restreindre, soit à developper la portée de ces dispositions. C'est ainsi que la jurisprudence a réagi contre la prohibition des substitutions en donnant effet à certains legs conditionnels, — contre l'article 900 en prononçant la nullité de la libéralité affectée d'une condition illicite, lorsque cette condition a été la cause impulsive de la volonté du disposant, — contre le formalisme des donations en admettant la validité des donations déguisées sous l'apparence de contrats à titre onéreux. Avant d'être autorisée par la loi de 1889 à prononcer la déchéance de la puissance paternelle, elle est intervenue pour protéger l'enfant, contrôler et limiter en cas d'abus l'autorité du père. De même, elle s'est efforcée d'atténuer la défense de rechercher la paternité édictée par l'article 340 ; elle a considéré que cette prohibition n'excluait pas le droit pour la femme séduite et abandonnée d'obtenir du séducteur une réparation pécuniaire.

Elle a procédé, tout au contraire, par voie d'interprétation extensive en accordant la garantie de l'inaliénabilité à la dot mobilière ; c'est là son œuvre par excellence, sa théorie la plus originale et la mieux coordonnée.

En présentant le tableau saisissant de cette jurisprudence (1), élément de conservation et de progrès du droit, l'orateur avouait qu'elle avait ses imperfections et ses lacunes (2) : on était trop tenté de l'oublier, en l'écoutant. Si l'on se borne à considérer le développement, l'allure générale de la jurisprudence, on est surtout frappé par les services qu'elle a rendus. Il est bien certain qu'elle répondait aux besoins essentiels de son époque ; elle a tenu compte des changements économiques, des exigences de l'opinion et de l'équité : elle n'a pas seulement amélioré le code civil ; elle l'a renouvelé ; elle lui a procuré un complément de vie.

Mais, si l'on reprenait une à une les principales matières du droit, que de réserves il faudrait faire ! Trop souvent cette jurisprudence apparaît tâtonnant, marchant au hasard, suscitant et perpétuant les procès par son incertitude. Que de fois on trouverait l'occasion d'appliquer les observations que faisait M. Valette à propos de la question du cumul (3). « Il nous semble que ce doit être un grand sujet d'étonnement pour le public que de voir livrés encore à l'incertitude et aux fluctuations de la jurisprudence des points de droit, qui intéressent au plus haut degré la fortune et le repos des familles. Ainsi quarante ans se sont écoulés depuis la promulgation du Code civil et l'on n'a pu encore déterminer d'une manière sûre et exacte l'effet des donations qu'un père fait à son fils, un mari à sa femme ! En sorte que l'on est réduit au doute sur des matières de l'application la plus usuelle et en même temps la plus importante. A qui doit-on reprocher un pareil état de choses ? Au législateur ? Non ; suivant nous, il faut en accuser les interprètes du Code, et surtout ses interprètes officiels, ceux qui sont chargés de statuer d'une manière souveraine sur l'application des lois ». Il n'y a pas longtemps que l'unité de jurisprudence commence à s'établir dans la matière de l'assurance sur la vie. Que de confusions,

(1) Discours précité, p. 28-35.

(2) Id., p. 36.

(3) Valette, *Mélanges publiés* par Herold et Lyon-Caen, t. I, p. 263.

de contradictions subsistent encore dans la solution de certaines difficultés qui se sont élevées dès le lendemain de l'application du Code civil, et qui sont toujours renaissantes ! On en peut voir un exemple dans l'étude que M. Wahl a consacrée aux variations de la jurisprudence sur les différentes questions relatives à l'effet déclaratif du partage (1).

A côté des institutions, qui ne sont pas fixées, coordonnées, on pourrait citer celles, dont on n'a pas tiré parti. Tous les mécomptes auxquels a donné lieu le partage d'ascendant ne sont pas, sans doute, imputables à la jurisprudence : mais n'est-ce pas, en grande partie, sa faute, si ces sortes de partages, même faits en toute loyauté, présentent si peu de sécurité ? Il y a là sûrement des inconvénients graves qu'on pourrait éviter : tout au contraire la jurisprudence n'a fait que les aggraver.

Qu'on relise également les notes de M. Beudant sur le legs avec charge(2), et l'on verra que la Cour de cassation, en refusant de caractériser ce mode de disposition, de le différencier nettement de la libéralité directe, rend très dangereux l'usage d'un procédé qui mériterait d'être encouragé et permettrait de réaliser beaucoup d'intentions bienfaisantes.

La justice a pour principale mission de protéger les faibles, ceux qui sont impuissants à se défendre eux-mêmes. S'est-elle acquittée de ce devoir envers l'enfant, la femme, les personnes privées de raison, interdites ou internées dans une maison d'aliénés ? Nous ne croyons pas qu'elle ait fait pour eux ce qu'elle devait et pouvait faire.

Pour ne parler que de l'enfant, peut-on le considérer comme suffisamment protégé par le contrôle judiciaire de la puissance paternelle ? Le contrôle a toujours conservé un caractère très réservé et tout à fait exceptionnel : le juge intervenait dans des cas extrêmement rares, quand l'abus commis au détriment de l'enfant dépassait toute mesure et soulevait une unanime réproba-

(1) *Livre du Centenaire du Code civil*, t. I, p. 443. « Malgré les occasions presque quotidiennes qu'ont eues la Cour de cassation et les tribunaux de statuer sur ces problèmes, malgré leur caractère fondamental, malgré les troubles que les incertitudes de la jurisprudence apportaient aux relations sociales, les luttes et les revirements se sont perpétués jusqu'à aujourd'hui, et sur les questions les plus importantes, aux deux points de vue théorique et pratique, l'évolution définitive n'est pas achevée ».

(2) V. ces notes sous Besançon, 26 mars 1891 et Cassation 25 janv. 1893, D. 93. 2. 1. et 94. 1. 257. — Conf. Planiol, t. III, 3e édit., no 3017 et Berthomieu, *Du legs avec charge*, thèse Montpellier, 1896.

tion; mais quel usage ont fait les tribunaux des droits que leur conférait la loi du 24 juill. 1889? Tous les rapports des inspecteurs départementaux de l'Assistance publique se sont plaints des résistances de l'autorité judiciaire, qui décourageaient toutes les bonnes volontés (1). M. Bonjean (2), dont le témoignage paraîtra significatif, s'est exprimé ainsi: « Dans le courant de l'année dernière, nous avons vu retenir par le Parquet dans les affaires de correction communiquées 30 dossiers, dont les renseignements étaient si déplorables pour les parents que la déchéance paraissait s'imposer. J'ai dressé ce tableau en deux colonnes que le temps ne me permet pas de vous lire : de la suite donnée à ces 30 affaires retenues par le Parquet d'office, eh bien, il y a eu 13 admissions et 17 rejets. J'ajoute seulement, qu'en général, c'est dans les instances rejetées que les parents paraissaient le plus critiquables. Il y a donc dans le fonctionnement de la déchéance de la puissance paternelle quelque chose qui n'est pas compris et qui aurait besoin d'être réformé ».

On sait également que depuis la loi de 1889 la plupart des tribunaux se considèrent comme n'ayant plus la faculté d'édicter de simples restrictions à l'exercice de l'autorité paternelle (3). Toutes les mesures que le juge croyait autrefois pouvoir prescrire, en vertu de son pouvoir de contrôle, lui seraient désormais interdites, parce qu'elles équivaudraient à une déchéance partielle, et qu'obligatoirement la déchéance doit s'appliquer à tous les attributs de la puissance paternelle. C'est ainsi qu'on a pu voir des tribunaux décider, comme l'a fait celui de Toulouse (4), qu'un père qui pour des fautes légères a frappé de jeunes enfants avec des cordes, des fouets à lanières, des instruments contondants, les a enfermés plusieurs heures dans une chambre obscure, après les avoir attachés sur une chaise avec des cour-

(1) Rapport du directeur de l'Assistance publique de Paris sur le service des enfants moralement abandonnés pendant l'année 1889, p. 29. — Assist. publ. de l'Hérault, rapport sur l'année 1892, p. 25 et 26. — Vaucluse, année 1895, p. 16. — Seine, 1894, rapport de M. Rousselle au conseil général, reproduit par M. de Crisenoy, *Questions d'assistance et d'hygiène traitées dans les conseils généraux en 1893*, p. 102 et 103.

(2) *Bulletin de la Société des prisons*, 1895, p. 479.

(3) Poitiers, 21 juill. 1890, D. 91. 2. 17. — Saint-Quentin, 27 déc. 1889 et Toulouse, 3 juill. 1890, S. 91. 2. 17. — Paris, 24 juin 1892, S. 93. 2. 228. — Paris, 15 déc. 1898, D. 99. 2. 57. — En sens contraire : Aix, 12 nov. 1890, S. 91. 2. 25. — Rennes, 18 sept. 1891, D. 94. 2. 393. — Conf. Planiol, 3e édit., t. I, n° 1749 et Perreau, *Revue crit.*, 1903, p. 203.

(4) Toulouse, 3 juill. 1890, S. *loc. cit.* et la note de M. Bourcart.

roies, a commis des faits regrettables, mais que ces faits ne dénotent pas une indignité suffisante pour entraîner sa déchéance, et que le juge a perdu le droit de contrôle qui lui eût permis de les réprimer.

N'a-t-il pas fallu en 1880 une intervention législative pour assurer la conservation de la fortune mobilière des mineurs en tutelle? A quels dangers ne les laissait pas exposés une jurisprudence (1), qui permettait au tuteur d'aliéner sans autorisation du conseil de famille les valeurs du pupille autres que les rentes sur l'État et les actions de la Banque de France!

Et encore aujourd'hui quels abus ne couvre pas la jurisprudence qui reconnaît les droits les plus étendus à l'administrateur légal? L'administrateur légal peut transiger sur une action mobilière, convertir une rente viagère en capital, et la conséquence de ce principe c'est que le père d'un enfant blessé par un accident et devenu infirme a pu s'entendre à son gré avec l'auteur responsable de cet accident, transformer en un capital payé une fois pour toutes la rente viagère due à l'enfant, toucher ce capital et le dissiper. Tout ce que la Cour de Douai laisse à l'enfant devenu majeur, c'est une action en reddition de compte contre un père d'ailleurs insolvable (2).

Plus triste est encore la condition de l'enfant naturel, que nul, le plus souvent, ne représente. Lorsqu'il s'agit de lui, la Cour de cassation (3) n'admet pas de tutelle légale : on a vu ainsi en 1897 (4) un père naturel agissant contre l'auteur d'un accident dont son enfant avait été victime, arrêté par une fin de non recevoir.

Il conviendrait de savoir aussi de quel esprit s'inspirent les tribunaux, en matière de législation ouvrière et de législation fiscale.

En matière de législation ouvrière, on sait combien la justice est difficile à rendre. Il y a tout à la fois des préjugés de classe dans le Code, et dans la mentalité de ceux qui l'appliquent.

Le mode de recrutement, les conditions d'accès de la magis-

(1) Cassation, 3 févr. 1871, S. 73. 1. 61.

(2) Douai, 24 févr. 1901. — Dijon, 13 juin 1900, S. 1903. 2. 1. et la note de M. Tissier. V. également l'examen de jurisprudence de M. Tissier, *Revue critique*, 1902, p. 599. « La jurisprudence n'a pas su jusqu'ici limiter les pouvoirs du père administrateur et protéger efficacement l'enfant soumis à l'administration légale du père ». (*loc. cit.*, p. 607).

(3) Cass., 16 nov. 1898, S. 99. 1. 24.

(4) Paris, 17 mars 1897, S. 1901. 2. 105.

trature ont fait des fonctions judiciaires le privilège presque exclusif des classes moyennes. Comment le juge pourrait-il entièrement répudier son éducation, ses intérêts de classe? Comment peut-il apercevoir ce qu'a d'excessif ou d'injuste une législation traditionnelle, dont il ne souffre pas, qui protège des intérêts respectables et repose sur des principes longtemps incontestés (1)? Dans les conflits sociaux, dit Ihering (2), les deux partis se réclament du droit : l'un marche sous la bannière du droit historique, du droit du passé ; — l'autre se réclame du droit nouveau, du droit en voie de formation. Ne faut-il pas considérer qu'il y a dans notre éducation nombre d'idées très fortes, qui s'opposent comme une barrière à l'avènement de ce droit nouveau : la responsabilité des fautes, la liberté des conventions, la charge de la preuve imposée au demandeur, la liberté pour les parties de transiger et régler leur différend sans intervention du tribunal? On conçoit quelle résistance ont opposée ces principes dans la question des accidents. Le juge s'est cru très humain, très compatissant en facilitant la preuve exigée de l'ouvrier, en admettant aisément qu'il y avait eu faute du patron. Il n'a pas cru possible d'aller au delà, d'estimer qu'un patron qui avait payé à l'ouvrier son salaire n'était pas quitte envers lui de toute obligation, et lui devait garantie, sécurité. Il a fallu pour assurer ce résultat une loi consacrant un nouveau principe de droit, celui du risque professionnel. Mais c'est à grand peine que ce principe s'est introduit dans la pratique : un rapport très documenté publié par le ministère du Commerce (3) permet de se rendre compte que les notions anciennes subsistent comme une survivance, inspirent de nombreuses décisions et troublent l'application de la loi de 1898. Dans l'appréciation des établissements assujettis, des accidents mis à la charge du patron, des conditions de preuve, beaucoup de tribunaux se sont montrés fort rigoureux pour l'ouvrier. Par une application abusive de la liberté des conventions, de nombreuses décisions ont sanctionné des arrangements en opposition avec les règles de la loi, procurant aux victimes d'accidents moins qu'il ne leur était dû.

(1) « Croit-on, fait observer M. Tissier, que les Compagnies d'assurances trouvent immorales les clauses contraires à la justice et à la bonne foi qu'elles insèrent assez fréquemment dans leurs polices »? (Tissier, *Compte rendu de la Déclaration de volonté de Saleilles*, tir. à part, p. 10).

(2) Von Ihering, *La lutte pour le droit*. Trad. Meulenaere, p. 9.

(3) *Journ. off.* du 28 févr. 1905, p. 1363-1386.

Le ministère du Commerce a relevé des minorations dans le rachat des rentes au détriment des ouvriers (1) : fréquents sont les cas cités où cette minoration va de 30 à 50 0/0 ; une s'élève à 62,70 0/0, une autre à 81,73. Pour une rente de 96 francs valant normalement 1.368 francs, un ouvrier a reçu simplement une somme de 250 francs.

A la vérité le rapport constate que la Cour de cassation a réagi dans une certaine mesure « contre des décisions restrictives dont le nombre allait grandissant et qui menaçaient d'infirmer par le détail l'œuvre législative ». Ce qui mérite aussi d'être noté, c'est l'action directe du ministère du Commerce, pas très régulière peut-être, mais très pressante et qui n'a pas été sans influer sur les résultats obtenus (2).

Nous pourrions emprunter aux autres matières de la législation ouvrière nombre d'exemples analogues (3). Nous ne citerons qu'un seul cas, celui de l'application de l'article 2 de la loi du 30 mars 1900. Cette loi réglemente la durée et les conditions du travail industriel des mineurs et des femmes : mais l'article final unifie les conditions du travail pour les hommes adultes occupés dans les mêmes locaux que les personnes protégées. C'est une disposition qui pouvait avoir une très grande portée et que l'interprétation restrictive de la Cour de cassation a rendu presque insignifiante. Elle entend par cette détermination : mêmes locaux, les ateliers où le travail se fait en commun et simultanément (4), de telle sorte qu'il suffit d'élever une cloison dans la même usine pour organiser deux ateliers et permettre d'éluder l'observation de la loi. On s'explique ainsi la défiance qu'inspirent aux partisans des réformes ouvrières l'esprit et les tendances de la jurisprudence civile ; tout donne à croire que cette défiance est en grande partie justifiée.

La jurisprudence fiscale n'est-elle pas faite pour suggérer à

(1) *Journ. off.*, *loc. cit.*, p. 1366. — Pour mettre un terme à ces abus la loi du 31 mars 1905, modifiant l'art. 21 de la loi du 9 avr. 1898, a décidé que le rachat des pensions ne pourrait être opéré que d'après le tarif établi par la Caisse nationale des retraites.

(2) *Journal officiel*, *loc. cit.*, p. 1372.

(3) Conf. Paul Pic. *Les lois ouvrières et la Cour suprême*, Questions pratiques de législation ouvrière, 1904, p. 440. — *Rupture ou suspension d'exécution du contrat de travail par l'effet des grèves ouvrières ou des lock-outs patronaux*. Revue de dr. civil, 1905, p. 28 et 32, note 1.

(4) Cass., 30 nov. 1901, D. 1902. 1. 17.

ceux qui sentent le besoin d'une justice contre l'État des sentiments de même nature? Le contentieux des impôts est en général réservé aux juridictions administratives, — mais des textes spéciaux attribuent compétence à l'autorité judiciaire pour les contestations relatives à l'enregistrement, à la régie des contributions indirectes. C'est une mesure évidemment destinée à rassurer le justiciable ; mais il semble que l'État ne lui accorde cette garantie qu'avec regret et cherche à diminuer le danger qu'elle peut avoir pour lui même en établissant toutes sortes de dérogations au droit commun. Ainsi en matière d'enregistrement, l'instruction des demandes se fait par écrit ; il n'y a pas d'appel, pas de débats oraux si ce n'est devant la Cour de cassation. Le rôle de la jurisprudence était en pareil cas considérable : il lui appartenait de régulariser la perception, de limiter l'arbitraire en posant des principes. Elle devait autant que possible adopter un critérium unique, faire du droit d'enregistrement une dépendance du droit civil, en subordonnant la perception à la détermination juridique de l'acte telle qu'elle résulte du droit commun. M. Valette, dans un article qui remonte à 1843, constatait que cette jurisprudence tendait au contraire « à se rendre de plus en plus indépendante du droit commun (1) » : il la jugeait très sévèrement. Elle encourt aujourd'hui les mêmes reproches ; et dans un certain nombre de cas sa rigueur s'est aggravée. Elle n'a pas cessé de consacrer toute une série de prétentions fiscales, injustes, exceptionnelles, en prenant le contre-pied des maximes traditionnelles, *in dubio abstine* et *in dubio contra fiscum* (2). Nous citerons comme exemple les décisions qui considèrent les résolutions de droit comme de nouvelles mutations, la théorie du titre commun (3), l'exigence du droit de mutation lorsque le partage fait tomber au lot d'un associé l'immeuble apporté originairement par un autre, et même l'extension de cette théorie par un arrêt récent (4).

En exagérant l'arbitraire et l'injustice du droit fiscal, la jurisprudence n'a pas seulement méconnu le droit du contribuable : elle a compromis l'intérêt supérieur de l'État. En interprétant sans équité les lois d'impôts, on contribue à créer un état d'os-

(1) De la jurisprudence actuelle sur les droits d'enregistrement. Valette, *Mélanges* publiés par Hérold et Lyon-Caen, t. I, p. 221.

(2) V. Valette, *loc. cit.*, p. 222.

(3) Cass., 24 mai 1894, S. 95. 1. 289.

(4) Cass. ch. réunies, 22 déc. 1904, S. 1906. 1. 97, note Wahl, — et Binet. Ex. de Jurisprudence, *Revue critique*, 1905, p. 473.

prit détestable : le contribuable revendique un droit de légitime défense, et répond aux exactions par la fraude. C'est ce qui dans notre pays fait obstacle à de grandes réformes qui supposent une bonne foi réciproque, l'impôt sur le revenu, par exemple, qui, suivant le mot de M. Gide, n'est possible et tolérable qu'à ces deux conditions, que le contribuable soit hônnête et que l'État le soit aussi.

II

L'importance et le mérite de la jurisprudence administrative, longtemps méconnus, ont insensiblement attiré l'attention : en les apercevant sans doute, on ne les découvrait pas. Il serait en effet injuste d'oublier que des écrivains comme Cormenin, Macarel, Vivien s'étaient parfaitement rendu compte des progrès de cette jurisprudence. Mais l'opinion n'en était pas frappée. Aucoc et Alfred Gautier donnaient davantage l'impression d'une œuvre considérable en voie d'élaboration. C'est surtout l'enseignement de M. Laferrière et la publication de son traité de la juridiction administrative qui ont opéré cette espèce « de divulgation » en montrant à la fois l'ordonnance générale, les résultats obtenus et les procédés employés. Depuis lors, toute une école doctrinale s'est associée à l'œuvre du Conseil d'État, aidant à la systématiser, la coordonner et l'interpréter. Cette croissance, ce développement de notre droit administratif ont peut-être paru plus remarquables encore à ceux qui les ont étudiés de plus loin. L'un d'eux, le professeur anglais Dicey, a pu dire (1) qu'un « corps entier de règles et de maximes juridiques et un système complet de procédure quasi-judiciaire ont poussé en France en moins d'un siècle ».

Pour rendre cette transformation visible, il faut chercher des éléments de comparaison. Il ne suffit pas de voir comment les juridictions administratives étaient organisées et réglementées il y a cent ans ; nous voudrions essayer de savoir par des témoignages précis comment elles fonctionnaient.

Nous choisirons de préférence l'époque du Consulat et de l'Empire. Ce n'est pas que la juridiction administrative date de cette époque : comme l'a dit Tocqueville (2), c'est *de l'ancien*

(1) *Indroduction à l'étude du droit constitutionnel*, trad. Jèze, p. 471.

(2) « J'avais eu jusqu'ici la simplicité de croire que ce que nous appelons la justice administrative était une création de Napoléon. C'est du pur ancien régime conservé ; et le principe que lors même qu'il s'agit de contrat,

régime conservé. La révolution, en établissant la séparation des autorités administratives et judiciaires, n'a fait que continuer des traditions anciennes, fortifier un régime de centralisation, se défendre contre les prétentions politiques du pouvoir judiciaire. Mais c'est pendant le Consulat, sous le régime de la constitution de l'an VIII que se détermine, se consolide cette organisation. Bonaparte voulait une administration centralisée très puissante, mais toujours surveillée. Il sentait le besoin de prendre ses précautions contre elle, sachant par l'exemple de l'ancien régime qu'une administration omnipotente et livrée à elle-même trahit les intérêts du souverain qui l'investit de son autorité. Il entendait donc maintenir un contrôle sévère sur ses agents. Il est toujours sans pitié pour ceux qui se révèlent incapables ou malhonnêtes : les actes d'improbité, les vols aux dépens du trésor sont punis inexorablement. Lui-même surveille et se rend compte de tout. On connaît l'importance des missions confiées aux conseillers d'État, inspectant tous les départements compris dans une division militaire, ayant le droit de tout observer et de tout savoir. « Le conseiller d'État, rapporte Thibaudeau (1), devait prendre tous les renseignements généraux sur la situation politique, militaire et administrative des départements de la division, sur les fonctionnaires, les hommes dangereux, ceux qui inquiétaient les acquéreurs de biens nationaux, sur les fournisseurs qui dilapidaient la fortune publique, sur les hôpitaux, l'instruction publique ; sur ce qu'il y avait à faire pour rétablir les manufactures et le commerce dans l'état où ils se trouvaient pendant les temps les plus prospères, etc. Il était prescrit aux autorités civiles et militaires de lui rendre les honneurs et de déférer à toutes ses réquisitions. On n'y manquait guère ; par respect pour son caractère et pour obtenir ses bonnes grâces, on l'accablait de fêtes et d'hommages ».

Le premier Consul ne se contentait pas d'exercer cette surveillance sur ses agents : il autorisait contre eux le recours des administrés, mais seulement à certaines conditions : il restait

c'est-à-dire d'un engagement formel et régulièrement pris entre un particulier et l'État, c'est à l'État à juger la cause, cet axiome inconnu chez la plupart des nations modernes était tenu pour aussi sacré par un intendant de l'ancien régime, qu'il pourrait l'être de nos jours par le personnage, qui ressemble le plus à celui-là, je veux dire un préfet. » Tocqueville, *Œuvres complètes*, t. VI, p. 221).

(1) *Mémoires sur le Consulat*, p. 170.

lui-même dans la plupart des cas juge suprême de ces recours, et voulait pouvoir, toutes les fois qu'il le croirait utile, sacrifier la justice à la raison d'État.

Ce que pouvait être cette justice, on le sait surtout par les mémoires des membres du Conseil d'État, Thibeaudeau et Pasquier, notamment.

Le Conseil d'État n'était pas à proprement parler une juridiction : tout au moins, ses attributions juridictionnelles n'étaient que la moindre partie de ses fonctions. C'était une des quatre assemblées associées à l'élaboration des lois : c'était surtout le conseil suprême du souverain, celui qui lui inspirait le plus de confiance, dans lequel il faisait entrer l'élément le plus actif, le plus intelligent, le plus dévoué de sa clientèle. Le Corps législatif n'était compté pour rien : la Constitution le condamnait à voter en silence ; sous l'Empire on oublia parfois de le convoquer. Le Tribunat avait peine à se faire pardonner l'ombre d'opposition qu'il avait essayée, et qui avait été rapidement réprimée. Le Sénat n'avait que le prestige extérieur et devenait le refuge des dévouements vieillis, des illustrations que le pouvoir désirait honorer sans courir aucun risque : sous cette pompe se cachait une grande inanité. C'est au Conseil d'État que Napoléon se confiait le plus volontiers : il écartait tout cérémonial et parlait avec abandon. Les Mémoires de Thibaudeau ont conservé l'allure, le mouvement de ces libres propos, les saillies, discussions, ripostes, interruptions, qui le montrent bien tel qu'il était. Il se plaisait ordinairement à laisser une assez grande liberté à ses contradicteurs, à ceux tout au moins que ses brusques et dures répliques n'intimidaient pas trop. C'était une sorte d'indépendance, qu'on a peut-être exagérée. On voit ce qu'elle était en se reportant aux Mémoires de Pasquier (1), qui ne sont empreints d'aucune hostilité. Il a connu sans doute au Conseil des hommes vraiment indépendants, comme Regnaud, Bérenger, Treilhard. La majorité des membres faisait preuve d'une honnêteté moins courageuse : l'adulation était là, comme ailleurs, un moyen de se distinguer. Pasquier signale par exemple la grande influence de Defermon, président de la section des finances, ancien procureur de province, esprit vulgaire, impitoyable lorsqu'il s'agissait de soutenir les intérêts du fisc, n'ayant aucun souci des engagements de l'État. « Il faut attribuer la grande faveur dont le maî-

(1) V. notamment t. I, p. 262 et s.

tre honora M. Defermon à sa profonde satisfaction d'avoir rencontré un instrument aussi parfaitement docile aux instructions qui lui étaient données » (1). Lacuée, président de la section de la guerre, directeur de la conscription, est aussi aveuglé par son zèle, indifférent à tous les sacrifices exigés du pays (2). On peut suivre également la carrière de Molé, ses débuts, l'habileté avec laquelle il se crée des titres à la bienveillance de l'Empereur en flattant ses préjugés.

Il faut lire dans Thibeaudeau les comptes rendus des réunions après l'explosion de la machine infernale. Bonaparte veut des mesures d'exécution sans jugements, même rendus par des tribunaux spéciaux. « L'action du tribunal spécial serait trop lente (3), trop circonscrite. Il faut une vengeance plus éclatante pour un crime aussi atroce ; il faut qu'elle soit rapide comme la foudre ; il faut du sang ; il faut fusiller autant de coupables qu'il y a eu de victimes, quinze ou vingt, en déporter deux cents et profiter de cette circonstance pour en purger la République ». Le Conseil est troublé, effrayé de la responsabilité qu'on veut l'obliger à prendre. Le lourd silence est rompu par Truguet, qui tente de discuter et d'écarter de pareilles mesures. « Il faut d'abord chercher où sont et quels sont les vrais coupables ». Il est interrompu par le premier Consul, qui lui adresse une apostrophe véhémente et lève brusquement la séance. En sortant, Truguet essaye de s'excuser. Allons donc, répond Bonaparte en continuant de se retirer, « citoyen Truguet, tout cela est bon à dire chez madame Condorcet et chez Mailla-Garat, et non dans un conseil des hommes les plus éclairés de la France (4) ». Quelques jours après, le Conseil d'État décidait qu'une loi n'était pas nécessaire pour prendre les mesures d'exception réclamées par le Gouvernement (5).

(1) Pasquier, t. I, p. 265.

(2) « Je n'oublierai jamais ce qu'il me dit, à ce sujet, le jour où il parut, pour la première fois, décoré du grand cordon de la Légion d'honneur : Il était dans l'enivrement de cette faveur ; jamais l'Empereur ne lui avait paru si grand, et il termina l'éloge qu'il m'en fit par ces mots : Que ne deviendra pas la France sous un tel homme ? Jusqu'à quel point de gloire et de bonheur ne la fera-t-il pas monter, pourvu toutefois qu'on sache tirer de la conscription deux cent mille hommes tous les ans, et en vérité avec l'étendue de l'Empire, cela n'est pas si difficile. » (Pasquier, t. I, p. 266).

(3) *Mémoires sur le Consulat*, p. 29.

(4) *Mémoires sur le Consulat*, p. 33.

(5) V. le texte de la délibération dans les mémoires de Thibeaudeau, p. 49.

Enfin, qui ne connaît le récit emprunté soit aux mémoires de Pasquier[1], soit à ceux du comte de Rambuteau[2], et si souvent cité, de la scène de colère inouïe contre Portalis, brutalement interpellé et chassé du Conseil d'État? « A mesure que (l'Empereur) avançait, le son de sa voix, son geste, sa physionomie prenaient un caractère plus effrayant, et quand il eut fini, tout le monde resta muet d'épouvante et de stupéfaction[3] ».

Il convient de ne pas oublier cela, quand on veut savoir quelle justice pouvait rendre un corps ainsi constitué.

A cette époque, le Conseil d'État était saisi de deux sortes de réclamations ; celles qui lui étaient renvoyées par l'Empereur, lorsqu'il avait reçu quelque plainte contre un acte de ses fonctionnaires et que cette plainte lui paraissait grave[4], — les recours formés directement par des particuliers. Ces recours contentieux ne tardent pas à se distinguer des recours hiérarchiques : le décret du 11 juin 1806 institue une commission particulière, le Comité du contentieux, présidé par le grand juge et composé d'un certain nombre de maîtres des requêtes et d'auditeurs ; c'est à ce comité qu'est confié le soin d'instruire et de préparer le rapport des affaires litigieuses. Il est certain que cette pratique devait avoir et qu'elle eut en effet des résultats très importants et très heureux. Elle diminua la part de l'arbitraire et contribua à la création d'une jurisprudence : l'exercice régulier des fonctions judiciaires, comme on l'a dit[5], produit normalement cet effet.

On n'était pas cependant sans faire de larges concessions aux violences de la politique, aux exigences de la raison d'État.

(1) Pasquier, t. I, p. 442-445.

(2) *Mémoires* du comte de Rambuteau, p. 70.

(3) Pasquier, t. I, p. 443. « Le spectacle de la toute-puissance, qui brise et écrase ainsi sa victime sans lui laisser le temps ni les moyens de se défendre, a quelque chose de désespérant. Il blesse au cœur les sentiments les plus respectables, il révolte les consciences les plus soumises » (p. 445).

(4) Pasquier, t. I, p. 261.

(5) Dicey, *Introd. au dr. constitutionnel*, p. 470. — Pasquier, t. I, p. 261. « Le comité du contentieux mit fin à ce désordre et parvint, en fort peu de temps, à établir une bonne jurisprudence sur la limite qui devait séparer l'action des pouvoirs administratif et judiciaire. Les ministres eux-mêmes ne furent pas à couvert des avis de ce comité, confirmés par le Conseil d'État, et plusieurs particuliers y trouvèrent un appui très précieux pour l'exécution des marchés qu'ils étaient dans le cas de conclure avec les différents ministères. Ce n'est pas que je prétende dire que tout ce qui aurait dû être fait à cet égard l'ait été ».

On avait alors un médiocre souci des engagements de l'État, — et du reste la résistance que pouvait opposer l'institution d'une simple commission n'était pas bien considérable. Le Comité du contentieux, bien qu'il fût placé sous la présidence du grand juge, ne complait aucun conseiller d'État ; ce n'était pas une section du Conseil, — il ne faisait que préparer l'instruction des affaires, et le Conseil d'État n'avait lui-même qu'une justice retenue.

Empruntons quelques exemples aux mémoires du Chancelier Pasquier.

Un entrepreneur de Rouen s'était engagé à construire un certain nombre de prames, bateaux destinés à transporter sur la côte d'Angleterre l'armée réunie à Boulogne. Aux termes du contrat, les paiements représentant le prix des prames étaient échelonnés et devaient s'effectuer par fractions. Les premiers termes avaient été régulièrement soldés. Mais lorsqu'on eut abandonné le projet de descente en Angleterre, les bateaux devinrent inutiles, et l'Administration de la marine cessa de continuer les paiements. L'entrepreneur, après de vaines supplications, s'adresse au Conseil d'État. Le grand juge communique la requête au ministre de la Marine, Decrès, et réclame l'envoi du dossier. Sa demande reste sans réponse. Au bouf d'un certain temps, il charge Pasquier, alors maître des requêtes et membre de la commission, chargé du rapport de renouveler sa réclamation. Pasquier se rend au Ministère et s'adresse au chef de division. « C'était M. Jurier, homme d'un vrai mérite et du caractère le plus honorable. Etonné de son air embarrassé et de ses mauvaises raisons, j'insistai. Ne voyant aucun moyen d'éluder davantage : « Vous allez juger, me dit-il, si je puis vous communiquer un pareil dossier ». Je vis alors les demandes de l'entrepreneur accompagnées des rapports de la division, tous plus favorables les uns que les autres, mais sur lesquels M. Decrès pour toute décision s'était contenté de mettre en marge : « Qu'il aille se faire f... » et au bout de cette belle phrase se trouvait scrupuleusement apposé son parafe (1) ». La commission du contentieux se passa du dossier et se prononça en faveur du constructeur : le Conseil d'État adopta son avis, mais le ministre intervint et le décret nécessaire pour rendre exécutoire la décision du Conseil d'État ne fut jamais rendu (2).

(1) Pasquier, t. I, p. 316.
(2) Pasquier, *loc. cit.*, p. 316.

On s'est donc trompé (1) quand on a cru qu'il n'y avait qu'une différence nominale entre la justice retenue, la justice déléguée, et qu'en réalité, aucun gouvernement n'avait jamais refusé d'approuver les projets de décisions contentieuses émanant du Conseil d'État. Pasquier constate que ces sortes d'abus n'étaient pas extrêmement rares (2). « Ce que M. Decrès avait fait dans l'occasion que je viens de rapporter et relativement au constructeur de prames, M. Defermon y est parvenu aussi plus d'une fois pour des décisions prises par le Conseil contre ses conclusions et contre l'avis du comité des finances, dans lequel il régnait despotiquement ».

Si la responsabilité du Conseil d'État n'était pas engagée dans ces sortes de cas, il en est d'autres où tout donne à penser qu'il s'est associé aux injustices voulues par le Gouvernement. C'est encore Pasquier qui nous rapporte l'attristante histoire du consul Pichon, qui a recueilli et rapatrié les débris de l'expédition de Saint-Domingue et se voit contraint par le mauvais vouloir de l'Administration de réclamer le remboursement des avances personnelles qu'il a faites. Sa demande, contrairement aux propositions de la commission du contentieux, fut repoussée par le Conseil d'État, et Pasquier n'hésite pas à dire qu'en cette circonstance le Conseil se fit l'instrument d'une vengeance de Napoléon (3).

(1) « On ne cite pendant cette période aucune décision contentieuse dont la teneur ait été modifiée ou l'exécution retardée par le Chef de l'État, bien qu'il fût censé prononcer lui-même ces décisions et ne les rendît définitives que par sa signature ». Laferrière, *Traité de la juridiction administrative*, 2e édition, t. I, p. 218. — « Jamais le Gouvernement n'a osé modifier les décisions du Conseil d'État en matière contentieuse ». E. Artur, *Séparation des pouvoirs et des fonctions*, *Revue de dr. public*, 1903, t. XX, p. 498 note 1.

(2) Pasquier, *loc. cit.*, p. 317.

(3) « M. Pichon obtint de venir lui-même plaider sa cause devant le conseil. Il le fit avec une rare habileté et une présence d'esprit imperturbable. Sa défense occupa deux séances ; elle était selon moi sans réplique. Il fut cependant condamné et cette fois la majorité du Conseil se laissa entraîner. L'Archichancelier y contribua beaucoup. La question cependant avait été fort débattue ; M. Regnaud ne s'y était pas épargné et les maîtres des requêtes qui ordinairement prenaient peu de part à la discussion des affaires lorsqu'elles n'étaient pas rapportées par l'un d'eux, n'avaient pas craint de s'engager dans celle-ci. M. Louis parla ainsi que moi, à plusieurs reprises, contre l'avis du rapporteur, mais nos efforts échouèrent complètement, et on est ici forcé de reconnaître que dans cette occasion le Conseil d'État fut l'instrument d'une vengeance de Napoléon ; il ne pouvait pardonner à son consul ne n'avoir pas

Il convient toutefois de reconnaître que si le courage du Conseil d'État a quelquefois faibli, l'Empereur reste seul responsable des abus d'autorité qui ont soulevé le plus de réprobation. Ainsi le décret du 14 août 1813 prononçant l'annulation d'un arrêt de la Cour d'assises de Bruxelles qui avait acquitté les administrateurs de l'octroi d'Anvers accusés de concussion a été rendu sans la participation du Conseil d'État. Il faut également constater que le Conseil et le Gouvernement qui sont maîtres de limiter comme il leur plaît les attributions des autorités judiciaires abusent du conflit beaucoup moins qu'on ne l'avait fait sous la Révolution. Au reste le conflit qui tend à dessaisir le juge n'est pas le seul procédé de coercition que l'on ait contre lui. On a plus d'un moyen de lui retirer en fait le bénéfice de l'inamovibilité qu'il possède en droit (1); on prononce contre certains magistrats des censures, on ordonne qu'ils se rendront à la suite du Conseil d'État (2). On trouve dans Thibeaudeau (3) le compte rendu très curieux d'une séance où l'on discute au Conseil d'État le mode d'après lequel le Tribunal de cassation rendra au Gouvernement le compte annuel de ses travaux. Une députation du Tribunal viendra présenter ce compte aux Consuls en présence des ministres et du Conseil d'État : suivant le vœu de la loi, le rapport peut et doit comprendre les observations sur les abus dans l'administration de la justice et l'amélioration des lois. La question se pose de savoir si le Gouvernement répond à ces observations, s'il donne des instructions aux magistrats.

su empêcher le mariage de son frère Jérôme, ce mariage qu'il avait si despotiquement annulé depuis, mais qui ne lui en avait pas moins causé beaucoup d'embarras. Le motif de la poursuite et de la condamnation n'en était que trop certain; et il fut encore plus évident par l'obligation, qui se trouva naturellement imposée au roi Jérôme, d'accorder peu de temps après un dédommagement au malheureux M. Pichon, presque entièrement ruiné par le décret rendu contre lui et privé d'un poste qu'il avait honorablement rempli » (Pasquier, *loc. cit.*, p. 319).

(1) Sénatus-consulte du 12 oct. 1807. Décrets du 24 mars 1808 et 10 déc. 1810. Conf. Garsonnet, *Traité de procédure*, t. I, p. 206.

(2) Ex. Arrêté rendu à l'occasion d'un conflit le 15 brum. an X, rapporté par Cormenin, *Questions de dr. administr.*, v° *Conflits*. Ed. 1822, t. I, p. 207, n° 1. « Considérant qu'avant de recourir à des mesures plus sévères, il importe au Gouvernement de savoir si la conduite du Tribunal d'appel du département du Doubs n'est que l'effet d'une simple erreur d'opinion, ou s'il faut l'attribuer à une affectation coupable. Art. 1er. Les jugements sont déclarés comme non avenus. Art. 2. Le Président se rendra à la suite du Conseil d'État ».

(3) *Mémoires sur le Consulat*, p. 172 et s.

Rœderer soutient qu'il convient de donner une direction à l'administration de la Justice : « La surveillance et la subordination dit-il ne blessent en rien l'indépendance (1) ». Le Premier Consul n'admet pas qu'on demande compte aux juges des motifs de leurs jugements : on se borne à prendre connaissance de leurs observations. Si le rapport du Tribunal « contient des choses étrangères à l'administration de la Justice, le Gouvernement ne le recevra pas, ou bien le Premier Consul dira : Avocats, à l'ordre! mêlez-vous de Justice et non pas de Finances, etc. Si le compte ne concerne que la Justice, on ne sera pas embarrassé pour y répondre (2). »

Sous la Restauration, les choses vont-elles beaucoup changer? Le Conseil d'État est considérablement amoindri : il cesse d'être un des grands pouvoirs de l'État; la Constitution ne le mentionne pas. Son organisation est réglée, remaniée par des ordonnances. On ne sait si ses attributions en matière d'interprétation des lois ne lui sont pas enlevées; tout au moins, il n'est plus en fait associé à leur préparation. Les sections correspondant aux principaux ministères, au lieu de les contrôler, se subordonnent à eux. Ces changements avaient du moins pour effet de donner plus d'importance aux attributions contentieuses, de développer le côté juridictionnel et contribuer à faire du Conseil un véritable Tribunal. C'est ce qui se produit en effet par la force des choses : suivant le mot que nous avons déjà cité, l'exercice répété des fonctions judiciaires crée la mentalité du juge. Ainsi le Conseil fait preuve d'indépendance en défendant contre les revendications des anciens possesseurs les droits des acquéreurs de biens nationaux.

Mais toutes les mesures prises contre lui rendent cette indépendance plus difficile.

La situation des conseillers est extrêmement précaire; d'après l'ordonnance du 23 août 1815, le roi fait dresser le 1er janvier de chaque année le tableau général des personnes auxquelles il lui a plu de conférer le titre de conseiller d'État ; il suffit pour exclure un conseiller de ne pas l'inscrire sur cette liste. Une simple indication permet d'apprécier la fréquence des mutations : le tableau du personnel sous la seconde Restauration n'occupe pas moins de treize pages dans le livre de M. Aucoc sur le Conseil d'Etat (3). Aux conseillers en service ordinaire viennent se

(1) Thibeaudeau, *loc. cit.*, p. 173.
(2) Thibeaudeau, *loc. cit.*, p. 173.
(3) P. 327-339.

mêler des conseillers en service extraordinaire, fonctionnaires en exercice, parmi lesquels un certain nombre est appelé à participer aux travaux du Conseil. Les affaires litigieuses instruites et rapportées par la section du contentieux sont soumises à l'Assemblée générale, dans laquelle figurent des conseillers en service extraordinaire, des ministres (1). Quelles garanties donnaient aux justiciables une pareille organisation?

Ce n'était pas encore assez pour rassurer les ministres, qui, redoutaient, dit Cormenin (2), l'ombre de ce Conseil. Le Roi se réserve la faculté de dessaisir son Conseil d'État quand il lui plaît, et d'évoquer devant le Conseil des ministres ou *Conseil d'en haut* (3) « toutes les affaires du contentieux de l'Administration qui se lieraient à des vues d'intérêt général ».

Essayant vainement d'apaiser la défiance des royalistes, le Conseil d'État ne faisait que s'attirer l'hostilité des libéraux, qui lui reprochaient son attitude, la timidité avec laquelle il examinait les recours contre les abus de l'Administration, ne se bornant pas à les repousser, allant parfois jusqu'à condamner à l'amende les avocats, qui s'étaient permis d'introduire les pourvois (4).

On ne se plaignait pas moins vivement de l'abus des conflits : c'était presque le même arbitraire qu'au temps du Directoire. En toutes matières, dès qu'une décision des tribunaux judiciaires

(1) Conf. Cormenin, *Dr. administr.*, t. I, p. 6; Laferrière, *Traité de la Juridiction administrative*, 2e éd., t. I, p. 226 et s.; Aucoc, *Le Conseil d'État*, p. 101.

(2) *Loc. cit.*, p. 7.

(3) Ordonnance du 29 juin 1814, art. 7, § 2 et ordonnance du 19 avr. 1817.

(4) L'article 49 du décret du 22 juill. 1806 édictait des peines disciplinaires et des amendes contre les avocats coupables d'avoir introduit des pourvois téméraires, en présentant notamment comme contentieuses des affaires qui ne l'étaient pas. L'Empire s'était contenté d'une menace. M. Laferrière (*Traité de la juridiction administrative*, 2e éd., t. I, p. 229 et note 2) signale sous la Restauration, de 1822 à 1825, plusieurs applications de cette disposition, les seules qui aient jamais été faites. On mentionne parmi les pourvois jugés répréhensibles les recours formés contre des nominations de fonctionnaires « considérant que l'exercice du droit de nomination à un emploi public ne peut dans aucun cas donner lieu à un pourvoi par la voie contentieuse ». On sait qu'actuellement les mêmes pourvois, non seulement ne se heurtent plus à aucune fin de non recevoir, — mais les nominations irrégulières sont annulées. On peut mesurer par là le chemin parcouru. Tout le changement des idées, toute la transformation de la jurisprudence administrative tiennent dans l'opposition entre ces deux faits, — la condamnation prononcée contre l'avocat, qui a osé introduire le pourvoi, — et le succès de ce pourvoi.

déplaisait à l'Administration, on recourait à l'arme du conflit. On comptait en moyenne, de 1799 à 1814, 65 à 70 conflits par an ; en 1827 et dans les premiers mois de 1828 le nombre s'élevait à 300 (1).

C'est en raison de ces abus et pour calmer l'opposition qu'on se décida à prendre des mesures restrictives en réglementant les conflits par l'ordonnance du 1er juin 1828.

Sous la pression de l'opinion publique, un progrès très important allait être accompli. C'est peut-être à cette concession qu'est due la conservation de la justice administrative. Au lendemain de la Révolution de juillet le pouvoir passait aux mains d'hommes qui pour la plupart étaient les adversaires déclarés de cette juridiction. Le duc de Broglie, appelé à la présidence du Conseil d'État, avait lui-même en 1828 demandé la suppression de la justice administrative (2). Sans doute, des motifs d'un ordre inférieur contribuèrent à la sauver. Un parti qui prend le pouvoir ne supprime pas volontiers l'instrument d'injustice ou d'abus, dont il a souffert; il est plutôt tenté d'en user contre ses adversaires. En outre, on ne peut pas laisser par une brusque suppression un service public en souffrance : un corps qui s'acquitte mal de sa fonction a pourtant son utilité, accomplit une certaine besogne. Pour le supprimer il faut pouvoir le remplacer. Bien que la Charte ne fît pas mention du Conseil d'État, il fut provisoirement maintenu. Une Commission nommée dès le mois d'août 1830 en vue d'étudier la question se rend compte qu'il est plus facile d'améliorer que de créer quelque chose de nouveau. Ceux qui ont été associés à l'élaboration de la jurisprudence administrative ou qui l'ont étudiée interviennent pour la défendre, et s'attachent à démontrer qu'il y a là une spécialisation nécessaire, que les institutions existantes ne sont pas fatalement mauvaises, qu'elles sont modifiables, et perfectibles. Après cette crise passée, on peut dire qu'en France la cause de la juridiction administrative est gagnée. Elle n'a jamais été depuis sérieusement menacée; tous les Gouvernements ont eu seulement la prétention de l'améliorer. A la vérité, le progrès n'est pas continu : il y a eu des réactions, des reculs, spécialement au début du second Empire. Mais d'une façon générale il y a une tendance favorable : l'organisation administrative se débarrasse insensiblement de

(1) Laferrière, *Tr. de la juridiction administrative*, t. I, 2e éd., p. 230.

(2) Article publié dans la *Revue française* (mars 1828) : on doit à la vérité d'observer que les conclusions de cet article comportaient certaines réserves.

tout le poids mort qui l'entravait. Les réformes ont été réclamées par l'opinion, lentement concédées par le Gouvernement, favorisées par les efforts des membres du Conseil d'État : c'est ce qui est surtout digne de remarque. Les conseillers d'État choisis parmi les amis du pouvoir, trop souvent mal préparés à rendre la justice, ont eu l'ambition de devenir de véritables juges et se sont comportés comme tels.

III

Nous n'essayerons pas d'esquisser à grands traits l'évolution de l'organisation, de la procédure et de la jurisprudence administratives : nous trouvons ce résumé tout fait et beaucoup mieux fait dans les traités et les monographies des maîtres actuels du droit administratif(1) Nous le prenons donc comme point de départ, comme matière et sujet d'étude. « La limitation des matières administratives, du pouvoir administratif, dit M. Gaston Jèze (2), limitation qui a été la caractéristique de l'évolution au cours du XIXe siècle, a été favorisée par le concours de trois circonstances principales : 1° la réglementation du conflit positif d'attributions; 2° l'organisation juridictionnelle donnée aux agents administratifs chargés de statuer sur les recours; 3° l'atténuation de l'immunité de responsabilité des agents et des patrimoines administratifs ».

Ainsi le premier progrès caractéristique, c'est l'institution d'un certain nombre de garanties en matière de conflits d'attributions, règles édictées par l'ordonnance de 1828, institution d'un tribunal spécial en 1848, supprimé par le second Empire et rétabli en 1872. Mais ces garanties sont moins complètes qu'elles ne paraissent. L'ordonnance de 1828 n'admet pas le conflit en matière criminelle, et ne l'autorise en matière correctionnelle qu'exceptionnellement et dans des cas déterminés(3); mais l'exception

(1) Hauriou, *Les éléments du contentieux*. Recueil de législation de Toulouse, 1905, p. 1-98; Jacquelin, *Les principes dominants du contentieux administratif*, 1899; *L'évolution de la procédure administrative*, 1903; Artur, *Séparation des pouvoirs et séparation des fonctions*. Ex. de la Revue de dr. public, 1900-1903.

(2) *Les principes généraux du droit administratif*. Revue d'administration, 1904, t. I, p. 144.

(3) « Il ne pourra être élevé de conflit en matière de police correctionnelle que dans les deux cas suivants : 1° lorsque la répression du délit est attribuée par une disposition législative à l'autorité administrative; 2° lorsque

est tellement compréhensive que le conflit, alors même qu'un tribunal correctionnel est saisi, reste encore très souvent possible. On s'en est aperçu en 1880, lors de l'exécution des décrets. Dans la composition du tribunal des conflits, il n'y a qu'un équilibre apparent entre les deux pouvoirs; en réalité, l'influence de l'administration reste prépondérante. Les conseillers d'État nommés par le pouvoir exécutif ne sont pas légalement inamovibles. La présidence conférée au garde des Sceaux associe la politique à la justice. On dit bien qu'en fait le garde des Sceaux s'abstient de siéger, mais lorsqu'il use de son droit, sa présence peut exciter d'autant plus la juste défiance des parties. Celles-ci n'ont même pas la ressource de proposer sa récusation, s'il a précédemment donné conseil, plaidé ou écrit sur le différend : le tribunal des conflits a décidé qu'en pareille matière, les parties assistent à l'instance, mais n'y participent pas (1).

Le second progrès a consisté à donner à la justice administrative les garanties d'une justice régulière : séparation de l'administration active et de l'administration juridictionnelle, spécialisation dans la juridiction, substitution de la justice déléguée à la justice retenue, débat oral et publicité des audiences. Mais on peut faire encore ici la même observation : la justice administrative est encore à bien des points de vue dans une condition d'infériorité. Nous avons dit déjà qu'aucune inamovibilité n'est attachée aux fonctions juridictionnelles. La confusion de l'administration délibérante et de l'administration juridictionnelle n'a pas absolument cessé. Les membres de la section du contentieux sont des conseillers d'État en service ordinaire : pour constituer l'assemblée générale du contentieux, on emprunte des conseillers aux sections administratives (2). La confusion est encore plus marquée dans les conseils de préfecture : le même corps est in-

le jugement à rendre par le tribunal dépendra d'une question préjudicielle dont la connaissance appartiendrait à l'autorité administrative, en vertu d'une disposition législative. Dans ce dernier cas, le conflit ne pourra être élevé que sur la question préjudicielle » (Ordonnance du 1er juin 1828, art. 2).

(1) Tribunal des conflits, 4 nov. 1880, S. 81. 3. 81.

(2) Il y a plus : la nouvelle section dite section temporaire du contentieux créée par la loi du 26 nov. 1898 n'a pas une véritable individualité : tous ses membres appartiennent aux sections administratives, et s'acquittent par surcroît de leur service au contentieux (V. la communication de M. R. Worms, *La juridiction du Conseil d'État et ses tendances actuelles*. Séances de l'Académie des sciences morales et politiques, 1905, t. II, p. 650).

vesti de fonctions administratives et de fonctions de juridiction ; le préfet n'a pas perdu le droit de présider, bien qu'il n'en use guère. Il a d'ailleurs une autorité suffisante pour que l'exercice de cette prérogative lui devienne inutile. Ce qu'a signalé aussi M. Jacquelin, c'est que l'instance administrative a gardé le souvenir de son origine, la marque de ce qu'elle était primitivement, un simple recours gracieux concédé aux parties, plutôt que la sanction d'un véritable droit. La procédure est encore partiellement occulte et principalement écrite. Le juge intervient activement dans la direction du procès : si son impartialité était hors de cause, ce serait peut-être un avantage, mais cette intervention devient singulièrement dangereuse, si les deux plaideurs ne sont pas au regard de l'arbitre dans des conditions de stricte égalité. Pour tout dire, la justice administrative donne encore trop l'impression d'un bureau qui statue sur des réclamations, plutôt que celle d'un vrai tribunal.

Si la limitation, la réglementation des conflits, l'institution des garanties juridictionnelles ont été avant tout l'œuvre de la loi, on peut constater au contraire que c'est principalement à la jurisprudence qu'est due la dernière amélioration, la seule qui compte en pratique, la possibilité d'obtenir réparation du préjudice causé par un acte administratif ou par le fait personnel d'un agent de l'Administration.

On sait que la responsabilité directe du fonctionnaire qui paraît être et qui est en effet dans les pays anglo-saxons le mode normal de dédommagement du préjudice injustement occasionné par une administration à un particulier n'a jamais réussi à pénétrer dans notre droit ; tout au moins il n'a jamais été admis qu'à titre exceptionnel. L'État, les services publics ont toujours défendu leurs agents. Sous l'ancien régime, le Roi par la pratique des évocations affirmait sa volonté de soustraire ses intendants à la justice des Parlements. Par réaction contre ce genre d'abus la Révolution s'élève contre cette tradition, et pose en principe dans la Déclaration des droits de l'homme (1) que « la société a le droit de demander compte à tout agent public de son administration ». Mais l'esprit d'autorité, la défiance envers le pouvoir judiciaire amènent presque aussitôt à restreindre singulièrement la portée de ce principe. La loi des 7-14 oct. 1790 décide « qu'aucun administrateur ne peut être traduit devant les

(1) Déclaration du 26 août 1789, art. 15.

tribunaux pour raison de ses fonctions, à moins qu'il n'y ait été renvoyé par l'autorité supérieure conformément aux lois ». On inaugure ainsi le système de l'autorisation administrative qui sera consacré, consolidé par le fameux article 75 de la Constitution de l'an VIII(1). En fait, ce système rendra presque impossible l'exercice des poursuites contre les fonctionnaires : sous le second Empire, en douze ans, de 1852 à 1864, on accueille à peu près une demande sur huit, 34 sur 264 (2). Après le 4 sept., l'abrogation de l'art. 75 depuis si longtemps réclamée par les partis d'opposition est enfin prononcée(3); la formule d'abrogation paraît formelle, elle ne comporte ni distinction, ni réticence. Il semble qu'il n'y ait plus désormais aucune entrave possible; la Jurisprudence paraît de prime abord décidée à ne pas apporter de restrictions à la liberté des poursuites. Mais voici la surprise de l'arrêt Pelletier (4) : le Tribunal des conflits rappelle à ceux qui l'oubliaient que la suppression de la garantie administrative laisse intact le principe de la séparation des pouvoirs. Nonobstant cette abrogation, il demeure interdit aux tribunaux judiciaires de connaître des *actes administratifs* : si le préjudice causé aux particuliers résulte d'un acte auquel peut s'appliquer cette qualification, l'action en réparation intentée contre le fonctionnaire peut être suspendue par un arrêté de conflit. C'est ainsi qu'ont pu être soustraites à la compétence des tribunaux judiciaires toutes les actions formées contre les agents d'exécution par les congrégations dissoutes par les décrets de 1880. Il importe assez peu que les actes incriminés puissent être considérés comme des crimes ou des délits. Nous savons que les conflits sont presque toujours possibles en matière correctionnelle : on peut donc aisément faire échec au droit de citation directe exercé par la partie lésée devant le tribunal répressif. En matière criminelle, le conflit, il est vrai, n'est pas autorisé ; mais l'action publique n'appartient qu'au ministère public, qui est avant tout le représentant du pouvoir. L'administré paraît donc complètement désarmé : ingénieusement agencé et manié, le système de la jurisprudence aboutit au déni de justice.

(1) « Les agents du Gouvernement autres que les ministres ne peuvent être poursuivis pour des faits relatifs à leurs fonctions qu'en vertu d'une décision du Conseil d'État. En ce cas la poursuite a lieu devant les tribunaux judiciaires. »

(2) Jacquelin, *Principes dominants du contentieux administratif*, p. 128.

(3) Décret du 19 sept. 1870.

(4) Tribunal des conflits, 30 juill. 1873, S. 74. 2. 28.

Et pourtant, il s'en faut qu'il en soit ainsi.

D'abord, le fonctionnaire n'est défendu que s'il reste dans l'exercice de sa fonction administrative. Pour que le conflit puisse être élevé, il est nécessaire que le préjudice ait été causé par un *acte administratif*. S'il y a *fait personnel* du fonctionnaire, si ce dernier s'est mis en quelque sorte hors de sa fonction, le droit commun reste applicable ; les tribunaux judiciaires sont compétents (1). Cette distinction entre l'acte administratif et le fait personnel peut être dans certains cas difficile à préciser : elle est souvent très nette. Nous voyons par exemple un fonctionnaire colonial condamné à dix mille francs de dommages-intérêts pour avoir mis en interdit un colon habitant sur son territoire (2), une condamnation à 1200 francs d'indemnité prononcée par la Cour de Rennes contre un maire qui a subordonné la délivrance d'un permis d'inhumer à la condition que le corps d'un suicidé serait enterré dans une partie du cimetière communal réservée par la tradition aux personnes privées de sépulture religieuse (3).

D'autre part, la jurisprudence du Conseil d'État ouvre aux particuliers deux voies de recours ; le recours pour excès de pouvoir qui permet de faire prononcer l'annulation de l'acte contraire à la loi impliquant abus ou détournement de pouvoir, l'action en responsabilité contre le patrimoine administratif, lorsque le préjudice résulte du fait de la fonction (4). Ainsi, dans une affaire jugée il y a quelques années, un propriétaire demandait réparation du dommage causé par un ensemble de mesures abusives prises dans le but d'incorporer au domaine public une sablière à lui appartenant. On a considéré qu'il y avait eu dans ce cas non pas le fait personnel d'un agent, mais une faute de service. Le Conseil d'État a admis la responsabilité pécuniaire de l'administration (5).

A la vérité, cette responsabilité affecte un caractère excep-

(1) V. Cass. 10 mars 1903, S. 1903. 1. 455. — Conf. Hauriou, *Précis de dr. administr.*, 5e édit., p. 250.

(2) Affaire Lagryfoul, Cour de Tananarive, 25 mars 1903, *Tribune des Colonies*, 1903, n. 148, p. 363.

(3) Rennes, 13 déc. 1904, S. 1905. 2. 76.

(4) Ne faut-il pas que ce fait constitue en même temps une faute de service? V. sur ce point la note très suggestive de M. Hauriou, C. d'Etat, 10 août et 17 févr. 1905, S. 1905. 3. 113.

(5) Affaire Olivier et Zimmermann, C. d'Etat, 27 févr. 1903, S. 1905. 3. 17 et la note de M. Hauriou.

tionnel. Lorsque la loi n'a pas formellement consacré le droit à une réparation (1), l'État n'est pas lié par une obligation juridique : l'indemnité accordée par le Conseil d'État n'est qu'une mesure de réparation équitable, bienfaisante, une sorte de recours gracieux.

La responsabilité de l'Etat, à raison du fait des personnes qu'il emploie « n'est ni générale, ni absolue ; elle a ses règles spéciales, qui varient suivant les besoins du service et la nécessité de concilier les droits de l'État avec les droits privés »

Quoi qu'il en soit, on ne peut refuser de reconnaître la valeur effective et l'importance des résultats obtenus. Dans son ensemble le système de la jurisprudence comporte des garanties équivalentes et peut-être supérieures à celles que pourrait donner le droit de poursuite illimité exercé contre les agents. Comme l'a dit M. Jèze (3), « il n'y a aucun intérêt légitime à faciliter les poursuites irréfléchies contre les fonctionnaires, et il y a un inconvénient grave à laisser ceux-ci exposés à des tracasseries injustes, qui pourraient anéantir chez eux l'esprit d'initiative ». L'essentiel est que la distinction du fait personnel et du fait de service soit laissée à l'appréciation d'un Tribunal offrant des garanties d'indépendance, et que, d'une façon ou d'une autre, toute injustice puisse être réparée.

Il ne faut pas croire cependant qu'à tous égards le droit administratif soit devenu un véritable droit : quand on considère ce qu'il était et ce qu'il est, on est tenté de se faire illusion. On voit les progrès accomplis : on oublie volontiers les prérogatives que la puissance publique entend se réserver.

Rappelons-les brièvement :

1° Tous les actes du pouvoir exécutif ne sont pas susceptibles de recours juridictionnels : on fait exception pour une catégorie mal définie, celle des actes de gouvernement. C'est le domaine réservé de la raison d'Etat : on l'a endiguée, resserrée, on ne l'a pas supprimée. Et cette notion ne comporte pas de critérium précis ; on ne peut citer que des exemples : décrets convoquant ou ajournant les Chambres, extradition ou expulsion d'un étranger, pendant longtemps mesures de haute police, spécialement

(1) Loi du 8 juin 1895 sur la révision des procès criminels et correctionnels ; Loi du 20 juill. 1899 sur la substitution de la responsabilité civile de l'État à celle des membres de l'enseignement public.

(2) C. d'État, arrêt Blanco, 3 févr. 1873, D. 73. 3. 20.

(3) *Revue d'administr.*, *loc. cit.*, 1904. 1. 149, n. 1.

mesures prises contre les dynasties déchues. Il faut noter l'effort constant pour limiter le nombre des exceptions. Sous le second Empire, l'arrêt sur conflit du 18 juin 1852 (1) refusait aux tribunaux le droit de connaître les réclamations contre le décret de confiscation des biens de la famille d'Orléans, « acte politique et de gouvernement dont l'exécution et les effets ne peuvent être soumis à l'appréciation de l'autorité judiciaire ». Au contraire, en 1887 (2), le Conseil d'Etat annule les décisions prises contre les princes Murat rayés des contrôles de l'armée par le ministre de la Guerre. De même le Tribunal des conflits (3) refuse au Gouvernement tous les pouvoirs exceptionnels contre les membres des dynasties déchues que la loi du 27 juin 1886 ne lui aurait pas expressément conférés.

2° Les créanciers de l'État et des administrations publiques, ceux mêmes qui obtiennent des jugements de condamnation, ne peuvent recourir aux mesures d'exécution forcée édictées par le droit commun. Il est interdit de pratiquer en pareil cas aucune espèce de saisie : l'huissier qui prêterait son ministère encourrait même en vertu de certaines lois spéciales les peines de l'amende et de l'interdiction (4).

Ce privilège s'explique assurément par des raisons plausibles : il est impossible de mettre l'Administration en liquidation, de paralyser le fonctionnement des services publics. Ce qu'il a de plus dangereux, c'est qu'il est démoralisant : il implique et accrédite l'idée qu'il n'y a pas de justice contre l'État. On admet, il est vrai, de notables tempéraments lorsqu'il s'agit des départements et des communes. L'exécution n'est plus alors entièrement volontaire. L'Administration supérieure peut intervenir, inscrire d'office un crédit suffisant pour acquitter la dette, établir des contributions extraordinaires, où même, lorsqu'il s'agit des communes, autoriser par décret les ventes de biens « autres que ceux servant à l'usage public (5) ». On a même soutenu et parfois décidé que le créancier d'une commune porteur d'un jugement de condamnation pouvait prendre sur les immeubles du domaine communal privé une inscription d'hypothèque judiciaire. Mais

(1) D. 52. 3. 17.

(2) 20 mai 1887, S. 89. 3. 10.

(3) 25 mars 1889, S. 91. 3. 32. — Brémond, *Rev. crit.*, 1891, p. 135.

(4) Loi sur les douanes du 22 août 1791 (titre XII), art. 9. Conf. Laferrière, *Juridiction administrative*, t. I, 2e éd., p. 347.

(5) Loi du 5 avr. 1884, art. 110.

c'est un moyen d'un intérêt bien incertain et d'une légalité douteuse(1).

3° Une autre prérogative singulièrement grave, c'est le privilège de l'exécution préalable qui consiste principalement dans la faculté de prendre des décisions immédiatement exécutoires sans recourir à l'intervention des tribunaux ; mesures de police, résiliation d'un marché, recouvrement d'une créance, délimitation d'une propriété. Un particulier dans tous ces cas devrait s'adresser au juge : l'Administration s'en dispense. Pour délimiter son domaine, elle prend un arrêté de délimitation ; elle prononce elle-même la résiliation d'un marché, met une entreprise en régie, rend les rôles d'impôts exécutoires et contre les retardataires agit par des contraintes sans autorisation judiciaire : le seul droit du contribuable est de faire opposition dans un délai généralement très court.

Dans une certaine mesure, un pareil privilège peut être justifié par la nécessité d'assurer la continuité des services publics, d'éviter toute suspension, tout arrêt d'une fonction nécessaire à la vie collective. Mais il est bien certain que des limitations s'imposent : on encourage d'intolérables et inutiles abus, on humilie la justice en donnant cette toute puissance à l'Administration, en lui permettant de placer toujours les parties en présence d'un fait accompli. Ce qui manque au droit administratif, comme l'a reconnu M. Hauriou (2), c'est l'institution d'une juridiction et d'une procédure analogues à celle des référés. En attendant, la jurisprudence admet tout au moins un correctif au privilège de l'exécution préalable : c'est la responsabilité de l'Administration, lorsqu'elle agit injustement ou même imprudemment. De nombreuses décisions ont admis qu'une administration publique qui a pris à tort des mesures d'exécution préjudiciables pouvait être condamnée à des dommages-intérêts. Dans l'affaire Olivier-Zimmermann que nous avons déja citée et

(1) Conf. Hauriou, 5e éd., p. 750. — Pour l'affirmative, Agen, 18 juill. 1892, S. 94 2. 1, et la note de M. Michoud. — En sens contraire, Tribunal Seine, 7 févr. 1895, *Rev. d'administration*, 1895, t. III, p. 274; Brémond, *Rev. crit.*, 1893, p. 645.

(2) « Dans la vie administrative les questions urgentes et provisoires se présentent souvent et il faut reconnaître qu'il n'y a pas de juge auquel les administrés puissent s'adresser pour les faire trancher; l'Administration les tranche elle-même en exécutant ses décisions par mesure de haute police ou en apportant spontanément un sursis à leur exécution. » Précis, 5e éd., *Introduction*, p. 19.

qui est un exemple curieux de combat pour le droit, un préfet avait fait exécuter un arrêté de Conseil de préfecture frappé d'appel ; le Conseil d'État a jugé que le préfet, en usant de son droit, l'avait exercé aux risques et périls de l'administration, et a condamné celle-ci, après annulation de l'arrêté, à des dommages-intérêts (1).

De pareils tempéraments atténuent, mais ne suppriment pas les dangers de ces prérogatives, qui sont comme la consécration légale d'une différence de fait. Et c'est là qu'est la véritable infériorité de la justice administrative : elle n'établit pas d'égalité entre les deux parties. Pour s'en rendre compte, on peut lire avec profit le rapport et la discussion d'un projet de loi portant ouverture des crédits nécessaires pour exécuter un certain nombre de décisions rendues contre l'État. Le rapporteur, M. J. Caillaux, en concluant au vote du crédit, ajoutait des observations destinées à servir de blâme : « Votre commission ne saurait se refuser à vous proposer l'adoption d'un crédit destiné à régulariser un paiement déjà effectué, et auquel l'État ne pouvait d'ailleurs se soustraire. Mais elle saisira cette occasion de remarquer de quelle étrange façon les affaires contentieuses sont dirigées.

Trop souvent les administrations cherchent des difficultés ; elles en créent parfois. Dans presque tous les cas, de quelque façon que les différends surgissent, les chefs de service s'appliquent à faire traîner les litiges, à épuiser les voies de recours, soit qu'ils s'attachent à décourager les réclamants, en venant à bout de leurs moyens pécuniaires, soit que, par peur des responsabilités, ils n'osent pas recourir à des transactions. On fait traîner les affaires avec le secret espoir de léguer à un successeur éventuel un dossier délicat.

« De leur côté les tribunaux administratifs, par suite de l'insuffisance du personnel et de la multiplicité des affaires, prolongent les instances, alors qu'ils ont été institués pour rendre la procédure plus expéditive (2) ». Quelques exemples permettent d'apprécier la valeur de ces griefs. Dans l'affaire Lavie, la condamnation prononcée contre l'État s'élève pour le principal à 706.508 francs et pour les intérêts moratoires à 683.616 fr. 11. Dans l'affaire Faga, le principal n'excède pas 10.861 fr. 25,

(1) C. d'État, 27 févr. 1903, S. 1905. 3. 17 et la note de M. Hauriou.

(2) Chambres des députés, Docum. parlem., Session ordinaire de 1898, Annexe n° 213, p. 1374.

les intérêts et dépens s'élèvent au chiffre extraordinaire de 589.138 fr. 75 (1). Le procès Lavie, engagé devant le conseil de préfecture d'Alger en avril 1886, résolu par le Conseil d'État le 28 janv. 1898, a duré douze ans. M. Aimond, au cours de la discussion (2), cite des dossiers envoyés par le Conseil d'État à l'examen des bureaux de la guerre, qui sont restés 14 mois avant de rentrer au conseil. M. Caillaux constate, à l'occasion de condamnations prononcées contre des agents du ministère de la Marine dans l'affaire Faga que ces agents ont reçu du ministère des gratifications correspondant au montant des condamnations encourues (3). Et l'on a parfois des raisons de penser que l'Administration, après avoir épuisé tous les moyens dilatoires, cherche encore à éluder les conséquences de sa condamnation.

Assurément, tous ces cas sont exceptionnels : il ne faut pourtant ni les ignorer, ni les tenir pour négligeables quand on cherche à savoir comment est rendue la justice administrative. Mais, en même temps, il faut reconnaître que les abus dont on se plaint sont imputables à l'administration plutôt qu'aux corps juridictionnels; il y a plus, ces abus eux-mêmes permettent d'apprécier les difficultés qu'ont rencontrées les juges administratifs, le courage et le sentiment de leur devoir nécessaires pour en triompher.

En dépit des privilèges de l'État placé dans bien des cas hors du droit commun, malgré l'absence de la garantie de l'inamovibilité, la jurisprudence administrative n'est pas moins remarquable que la jurisprudence civile. Dans toutes les matières qui peuvent se prêter à une comparaison, — dons et legs, questions de propriété, dérivation et captage des sources, atteinte portée à la propriété par des arrêtés de délimitation, formation des contrats, enrichissement sans cause, gestion d'affaires appliquée aux services publics, responsabilité délictuelle et quasi-délictuelle, — on peut se demander si la jurisprudence administrative n'a pas le plus souvent devancé la jurisprudence civile : sa marche tout au moins est plus hardie, plus franchement progressive. Par contre, la jurisprudence civile, même dans les constructions qui sont son œuvre propre, comme celle de l'inaliénabilité de la dot mobilière, a quelque chose de plus juridique. Le lien qui

(1) Rapport précité, p. 1374.
(2) *J. officiel*, 12 juill. 1898, p. 2068, col. 3.
(3) *Officiel*, *loc. cit.*, p. 2069.

rattache la solution au principe, le principe au texte de la loi est plus solide. Et ce n'est pas là une pure qualité de forme, destinée à satisfaire l'esprit juriste. C'est au fond une chose importante. Les tribunaux ont en réalité pour mission principale d'assurer « le règne de la loi » (1) : il n'est donc pas indifférent qu'on sente en eux la ferme volonté de se soumettre à la loi en l'interprétant. La justice administrative laisse plutôt l'impression d'une juridiction qui se donne à elle-même une règle et détermine sa propre loi. Le juge est un administrateur pesant tous les avantages, tenant compte des différentes considérations qui peuvent agir sur l'esprit d'un homme prudent et prévoyant, ayant le souci des intérêts généraux et désireux de ne pas sacrifier les droits privés. C'est parce que le Conseil d'État était à la fois un corps juridictionnel et un corps administratif qu'il a jugé possible d'étendre le recours pour excès de pouvoir (2), la responsabilité des patrimoines administratifs, qu'il a pu adopter ce que M. Hauriou appelle ingénieusement « une politique jurisprudentielle ». Un tribunal eût été sûrement plus réservé (3).

Cette idée que la justice administrative doit être une justice d'équité, une sorte de concession bienveillante, a donc eu des conséquences heureuses; nous le reconnaissons volontiers. Mais ceux que cette conception a séduits (4), qui en ont le mieux com-

(1) Michoud, *Les conseils de préfecture et la justice administrative*. Revue politique et parlementaire, mai 1897, t. XII, p. 281.

(2) C'est pour la même raison que l'annulation d'un acte entaché d'excès de pouvoir a pu produire effet *erga omnes*, dépassant ainsi le domaine de la chose jugée (Conf. Berthélemy, *Traité de dr. administr.*, 1re éd., p. 879; Hauriou, *Les éléments du contentieux*. Rec. de législ. de Toulouse, 1905, p. 2 et 11).

(3) Les parties, disait M. Aucoc à l'Académie des sciences morales et politiques, « se sont aperçues que, dans beaucoup de circonstances, le Conseil d'État les protégeait d'une manière plus efficace que la Cour de cassation contre les rigueurs ou les excès de pouvoir de l'Administration. J'ai eu souvent, dans le cours de ma carrière au Conseil d'État, l'occasion de faire ces comparaisons. Pour les servitudes de voirie, le Conseil d'État et la Cour de cassation, appliquent les mêmes textes, notamment un édit qui remonte à Henri IV, l'un en matière de grande voirie, l'autre en matière de petite voirie. La jurisprudence de la Cour de cassation est bien plus rigoureuse que celle du Conseil d'État, et cette différence dure depuis cinquante ans » (Séances et trav. de l'Ac. des sc. mor., 1894, t. I, p. 92).

(4) « Je suis donc un partisan décidé de notre droit administratif français. J'en aime les théories ingénieuses et j'accepte qu'il soit fondé sur la prérogative de l'Administration puisqu'aussi bien cela paraît être le parti le plus sage ». Hauriou, *Précis*, 5e éd., Introd., p. 19.

pris les avantages, doivent eux-mêmes nous accorder qu'on ne peut sans danger s'attacher obstinément à elle. Il faut savoir y renoncer avant de l'avoir épuisée, et se rendre compte qu'elle ne peut désormais qu'affaiblir le sentiment du droit, qu'elle ne correspond plus aux aspirations, aux exigences du temps présent.

Et puisqu'il faut conclure, nous souhaitons à la jurisprudence civile et à la jurisprudence administrative de s'emprunter mutuellement les qualités qui les distinguent. N'est-il pas possible d'espérer que la jurisprudence administrative, sans cesser d'être progressive, équitable, ait un plus grand souci du droit, de la légalité, — et qu'à son tour la justice civile, sans cesser de s'appuyer sur la loi, soit plus humaine, plus accessible aux justiciables, plus soucieuse de ce que les socialistes, par opposition à la richesse, appellent « les biens personnels ». Ce double résultat, transformer une juridiction d'équité en une vraie justice et « socialiser » la justice ordinaire, n'est pas aussi contradictoire qu'il le paraît. « Nous sommes, disait Waldeck-Rousseau (1), un pays de légalité »; nous voulons assurer le respect du droit par la loi. Mais en même temps nous nous faisons du droit une idée toujours plus élevée et plus compréhensive : nous voulons le purger des deux vices qui l'ont infecté, l'esprit de classe, et la raison d'État.

De telles transformations supposent nécessairement une décisive intervention législative. Le renouvellement d'une jurisprudence ne peut pas être exclusivement l'œuvre du juge : Le législateur pose les principes et détermine la direction. La revision du Code civil est actuellement sur le chantier; pour le droit administratif, on n'entrevoit pas la possibilité d'une refonte générale. Mais on pourrait faire utilement ce que le droit anglais appelle une consolidation. Le moment serait particulièrement favorable pour entreprendre de fixer clairement et raisonnablement les limites des deux contentieux (2). On en profiterait pour édicter quelques

(1) « Nous sommes un pays de légalité, nous sommes des Latins, de cette race à laquelle la loi écrite a paru plus nécessaire, qui n'y voit pas seulement des synthèses abstraites, mais la mesure et la sauvegarde de ses droits » (Sénat, séance du 27 juin 1903, *Journ. off.* du 28, p. 1153).

(2) « La délimitation entre les deux contentieux s'est établie historiquement : nous ne pouvons prétendre qu'à la constater avec exactitude. Si l'on veut un autre principe de méthode, le seul qui puisse nous suivre d'un bout à l'autre de cette recherche est le suivant : Les tribunaux judiciaires n'ont pas le droit de connaître des actes de l'Administration, à moins d'y être autorisés par la loi ou par une jurisprudence équivalente à la loi... Existe-t-il un prin-

règles d'une portée générale, qui serviraient d'étai à tout cet édifice, et constitueraient *l'armature* du droit administratif.

cipe unique, d'où l'on puisse déduire, par voie de conséquence, les limites entre le contentieux judiciaire et le contentieux administratif? Nous n'en connaissons pas » (Artur, *Séparation des pouvoirs et séparation des fonctions*. Revue de dr. public, 1902, t. XVII, p. 443-444).

BAR-LE-DUC. — IMPRIMERIE CONTANT-LAGUERRE.

www.ingramcontent.com/pod-product-compliance
Ingram Content Group UK Ltd.
Pitfield, Milton Keynes, MK11 3LW, UK
UKHW020503230726
13925UKWH00005B/2088